EDUCAÇÃO DA FÉ
Missão da Família e da Comunidade

Ir. Mary Donzellini

EDUCAÇÃO DA FÉ
Missão da Família e da Comunidade

SUBSÍDIO PARA REUNIÃO DE PAIS E DE CATEQUISTAS

CADERNOS CATEQUÉTICOS nº 1

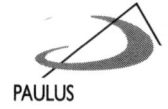

PAULUS

Direção editorial
Zolferino Tonon

Coordenação editorial
Jakson Ferreira de Alencar

Ilustrações
Cícero Soares

Produção editorial
AGWM produções editoriais

Impressão e acabamento
PAULUS

Dados Internacionais de Catalogação na Publicação (CIP)
(Câmara Brasileira do Livro, SP, Brasil)

Donzellini, Mary
  Educação da fé : missão da família e da comunidade : subsídio para reunião de pais e de catequistas / Mary Donzellini. São Paulo : Paulus, 2012. – (Coleção Cadernos Catequéticos ; v. 1)

  ISBN 978-85-349-3579-1

  1. Catequistas 2. Doutrina cristã 3. Educação religiosa 4. Família – Aspectos religiosos 5. Fé I. Título. II. Série.

12-12959   CDD-230.007

Índices para catálogo sistemático:
1. Educação da fé : Cristianismo   230.007
2. Educação religiosa cristã   230.007

4ª edição, 2015, revista, ampliada e com novas ilustrações

© PAULUS – 2012

Rua Francisco Cruz, 229
04117-091 – São Paulo (Brasil)
Tel.: (11) 5087-3700 – Fax: (11) 5579-3627
www.paulus.com.br
editorial@paulus.com.br

ISBN 978-85-349-3579-1

FSC
www.fsc.org
MISTO
Papel produzido a partir de fontes responsáveis
FSC® C108975

Sumário

6 Introdução

8 Conhecendo a criança

32 Falando de Deus à criança

58 O que falar de Deus?

62 A catequese

80 Presença dos pais ou familiares dos catequizandos na catequese

82 Sugestões para reuniões com pais e familiares dos catequizandos

83 Como organizar uma reunião?

Introdução

Este livreto é o primeiro da Coleção Cadernos Catequéticos. Tem por objetivo ajudar principalmente os(as) catequistas nas reuniões com os pais dos catequizandos.

Com o título *Educação da fé – Missão da família e da comunidade*, este primeiro Caderno enfoca a busca do conhecimento pela criança e como revelar Deus aos catequizandos, sejam eles jovens, adultos ou crianças.

Este material impresso em forma de caderno, não traz normas ou receitas, mas algumas reflexões e sugestões que poderão ajudar para o crescimento da fé.

Contém muitas ilustrações para serem usadas com a dinâmica de "fotolinguagem", enriquecendo as reflexões conforme a realidade de cada grupo.

As ilustrações poderão ser copiadas em transparências para retroprojetor, ou para apresentações com *data show*, como também, podem ser ampliadas em forma de cartazes ou aplicadas conforme a criatividade do grupo de catequistas.

Esperamos que a Coleção Cadernos Catequéticos anime a caminhada da catequese comunitária e permanente, sempre na alegria de servir e viver o "Ide e anunciai o Evangelho".

Portanto, querido catequista, este livreto foi elaborado para você que:

▶ deseja dinamizar os encontros de pais dos catequizandos;

▶ quer se comprometer com o grupo de catequistas na educação permanente da fé;

▶ sabe descobrir as sementes do Reino de Deus em sua comunidade, fazendo com que todos percebam que o "Reino de Deus já está no meio de nós" (Lc 17,21).

Conhecendo a criança

O catequista precisa ser fiel, não só a Deus e à Igreja, como também ao ser humano. Por isso, é importante o uso da psicologia, da pedagogia e de outras ciências sociais.

Quando lidamos com as crianças é bom considerar que ela é um ser em desenvolvimento, por isso deve ser orientada e educada, com carinho em todas as dimensões.

Ao catequista cabe a tarefa de conhecer o meio ambiente em que o catequizando vive e que exerce influência sobre ele nas diferentes faixas etárias.

A criança, antes dos 7 anos, tem interesse em conhecer tudo o que está à sua volta. Tudo o que está ao seu redor. Cores, formas, sons etc. despertam a sua curiosidade.

Ela olha para as coisas, desmonta, mexe, presta atenção. Quase tudo o que faz é para satisfazer a sua curiosidade.

A criança quer **conhecer o mundo**.

Para **conhecer o mundo**, a criança tem necessidade de ter ao seu lado o adulto.

O adulto é importante para auxiliar a criança na descoberta e na compreensão de suas principais curiosidades.

Assim, a criança está sempre se relacionando com tudo e com todos. Por meio desse relacionamento – com tudo e com todos – ela vai, aos poucos, **"descobrindo o mundo"**.

Vamos pensar um pouco sobre esse relacionamento entre a criança e o adulto.

Muitas vezes exigimos das crianças um comportamento de adulto, isto é, que sejam atentas naquilo que explicamos e que entendam as palavras difíceis que falamos.

A criança tem um pequeno mundo e o adulto tem um mundo maior.

Como podemos eliminar a fronteira que colocamos entre o **"mundo pequeno"** da criança e o **"mundo grande"** do adulto?

O que temos, na verdade, é um mundo onde a criança e o adulto convivem.

Há muita dificuldade de interação no que chamamos de **"fase de criança"** e **"fase do adulto"**.

Podemos notar algo muito importante no relacionamento entre criança e adulto: ambos ensinam e aprendem, a todo momento, um com o outro.

É importante que haja plena interação entre **adulto** e **criança** para que as dificuldades naturais desse relacionamento sejam superadas.

Entre essas dificuldades, a principal é a dificuldade da comunicação.

A linguagem e o vocabulário que usamos devem levar à melhor comunicação possível para que a criança entenda o que queremos transmitir, sem prejudicar a mensagem.

A comunicação pode ser feita de duas formas:

Comunicação verbal – por meio de palavras.

Comunicação não verbal – nem sempre é preciso utilizar palavras para se estabelecer a comunicação.

A comunicação não verbal pode ser feita por meio de:

- desenhos
- sinais
- símbolos
- gestos
- expressões
- contato físico
- atitudes etc.

Essa é a primeira forma de comunicação com a criança, enquanto ela não entende as palavras.

Sua percepção está mais voltada para os gestos, para as expressões e para os movimentos.

Essa forma de comunicação é muito importante, pois é, por meio dela, que a criança começa a se expressar e se abre para o mundo.

Devemos ter sempre em mente que o adulto não é uma "criança crescida" nem a criança é um "adulto em miniatura".

Devemos esperar do adulto atitudes próprias de adulto e da criança, atitudes de criança.

É importante ajudar a criança para que tenha sempre liberdade de pensar, agir, e comportar-se como criança.

A criança tem muito mais sensibilidade para os gestos, para as atitudes e expressões que para as palavras.

Ela presta atenção no que lhe dizemos, mas presta muito mais atenção nos nossos gestos e movimentos. A criança é a expressão do seu meio.

Para aprender, a criança se espelha muito em nós. Imita o que fazemos porque pensa que tudo o que fazemos é bom e é o certo.

Ela vai aprendendo a viver através de modelos bastante conhecidos: pai, mãe, avós, irmãos, tios, primos, pipoqueiro, vizinho, lixeiro, empregada, padre, freira, professora, catequista, feirante, coleguinha, artista da TV e outras pessoas com as quais entra em contato.

A questão do **"modelo"** é tão importante para a criança que, por exemplo, se ela fizer alguma coisa errada ou imprópria e nós rirmos, certamente ela vai pensar que o que está fazendo é o certo.

E pelo nosso sorriso, ela imagina que gostamos do que ela está fazendo.

Quando a criança vem nos dar um abraço ou falar conosco e nós não lhe damos a devida atenção, porque estamos ocupados ou de mau humor, essa atitude faz com que ela pense que está agindo errado.

A criança confia no adulto. Tudo o que ele faz ela tem como certo e bom.

Por isso, deseja sempre imitá-lo.

Vejamos agora o que é

COMUNICAÇÃO VERBAL

A comunicação é verbal quando se utilizam palavras.

Entre adultos, essa comunicação ocorre com mais facilidade. Dois ou mais adultos, desde que queiram, entendem-se perfeitamente por meio das palavras.

Já a comunicação por palavras entre criança e adulto, ocorre com dificuldade.

A criança vai vagarosamente conhecendo as palavras. Por isso, o adulto precisa fazer uma adaptação da sua linguagem com a dela para que haja boa comunicação.

Deve usar linguagem simples, clara, para ser compreendido por ela. Palavras difíceis geram dúvidas e atrapalham o diálogo.

O adulto deve ser coerente e sincero porque a criança tem sensibilidade e percebe as mentiras dos adultos.

Quando a criança começa a se utilizar da comunicação verbal, quando aumenta o seu vocabulário, ela entra na **"fase de perguntas"**, fase dos **"por quês"**.

Ela deseja respostas que satisfaçam às suas dúvidas e curiosidades. Daí a importância do acompanhamento na educação integral da criança.

Educar a criança para a **vida** é, ao mesmo tempo, fazer crescer nela a **educação da fé**.

A criança aceita, com facilidade e alegria, a existência e a presença de Deus em sua vida.

Falando de Deus à Criança

Educar a fé da criança é muito mais sério do que se pensa, mas também não é tão complicado.

É sério porque a criança vai levar para toda a vida o que ensinamos.

Por outro lado, não é tão complicado porque a criança está sempre pronta a aprender o que ensinamos.

Considerando o que já falamos sobre a comunicação com a criança, devemos levar em conta que comunicar a existência de Deus implicará sentir a sua fé e falar das verdades divinas. Essas não podem ser explicadas de qualquer jeito. Os pais ou o catequista devem dar uma resposta à criança de acordo com o seu interior.

Então, como revelar Deus à criança?

Em primeiro lugar, com a nossa fé. O testemunho da nossa própria vida já é educativo.

Como já dissemos, a criança nos considera "modelo" e procura sempre nos imitar, assim como nós devemos ter Cristo como modelo, pois Ele nos manda imitar o Pai.

Vamos refletir sobre o que, geralmente, passamos para a criança. Muitas vezes apresentamos um Deus que, para nós, é um

"DEUS PRONTINHO".

Isso sucede quando:

▶ apresentamos Deus à criança de uma só vez, um Deus sobre o qual ela não pode ter dúvidas, e de quem não se pode fazer perguntas;

▶ dizemos tudo o que ela precisa saber sobre Deus, em poucas lições, de acordo com a nossa visão de Deus.

Com isso, achamos que a criança não precisa descobrir mais nada, nem precisa procurar conhecer melhor a Deus. Vai simplesmente guardar para a vida toda o que aprendeu.

Quando precisar de Deus o encontrará bem definido: "Deus é isto e aquilo" e pronto!

Esta forma de revelar Deus à criança é muito negativa.

Um **"Deus prontinho"** é um Deus que encontramos nos livros, mas que não faz parte da nossa experiência.

Se não o encontramos na nossa vida, se não entramos em comunhão, em intimidade com ele, não encontramos a nossa felicidade.

Este **"Deus prontinho"** está escrito e definido na teoria, nos conceitos da doutrina, mas não está presente na vida das pessoas. Colocamos para a criança um **Deus misterioso**, que não é o Deus real: aquele que caminha conosco e que nos ama muito.

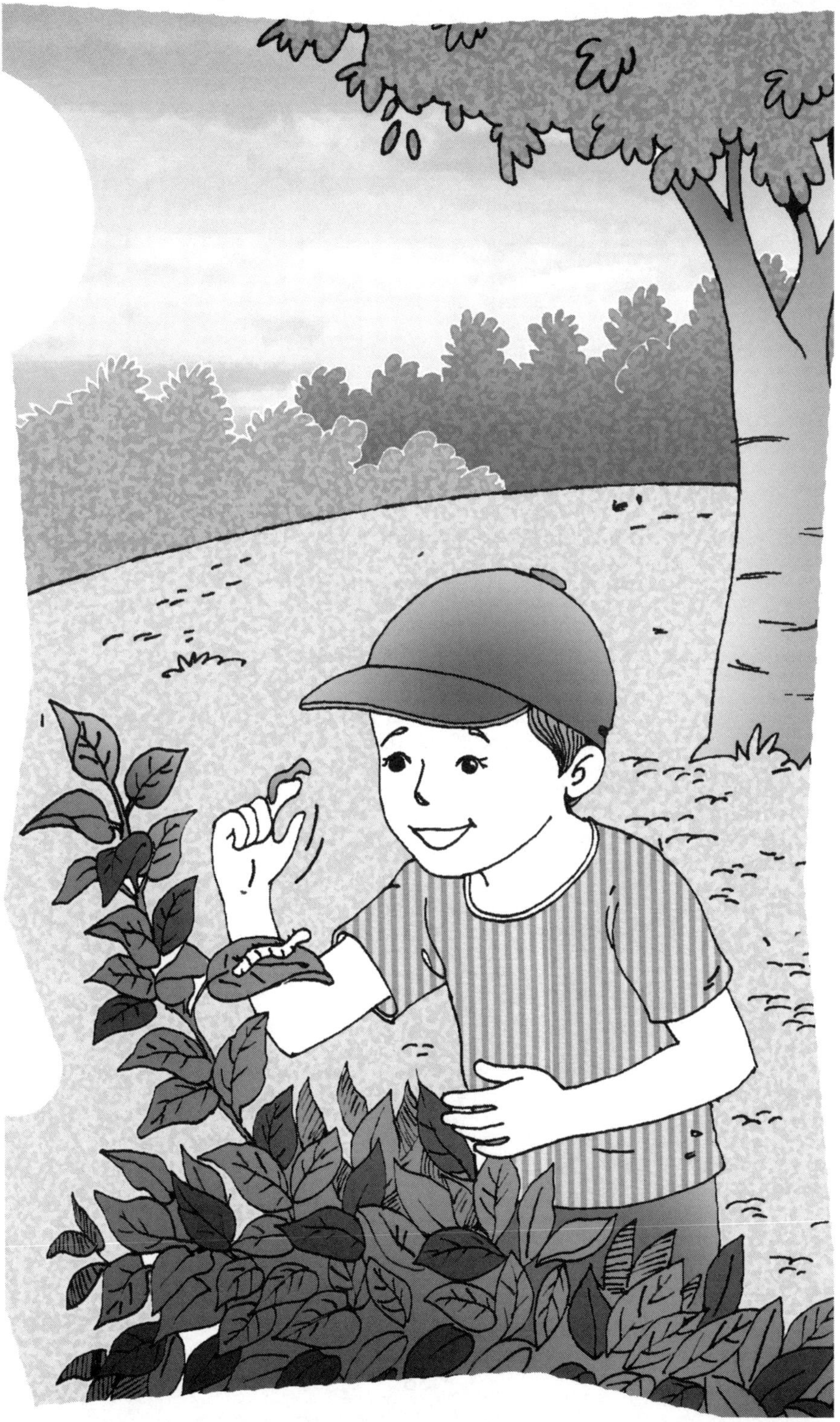

Ou então, passamos para a criança um **"DEUS QUE CASTIGA"**.

É aquele Deus que está à espreita e sempre pronto a despejar castigos sobre as nossas vidas. Um Deus que não tolera a menor falha em nós.

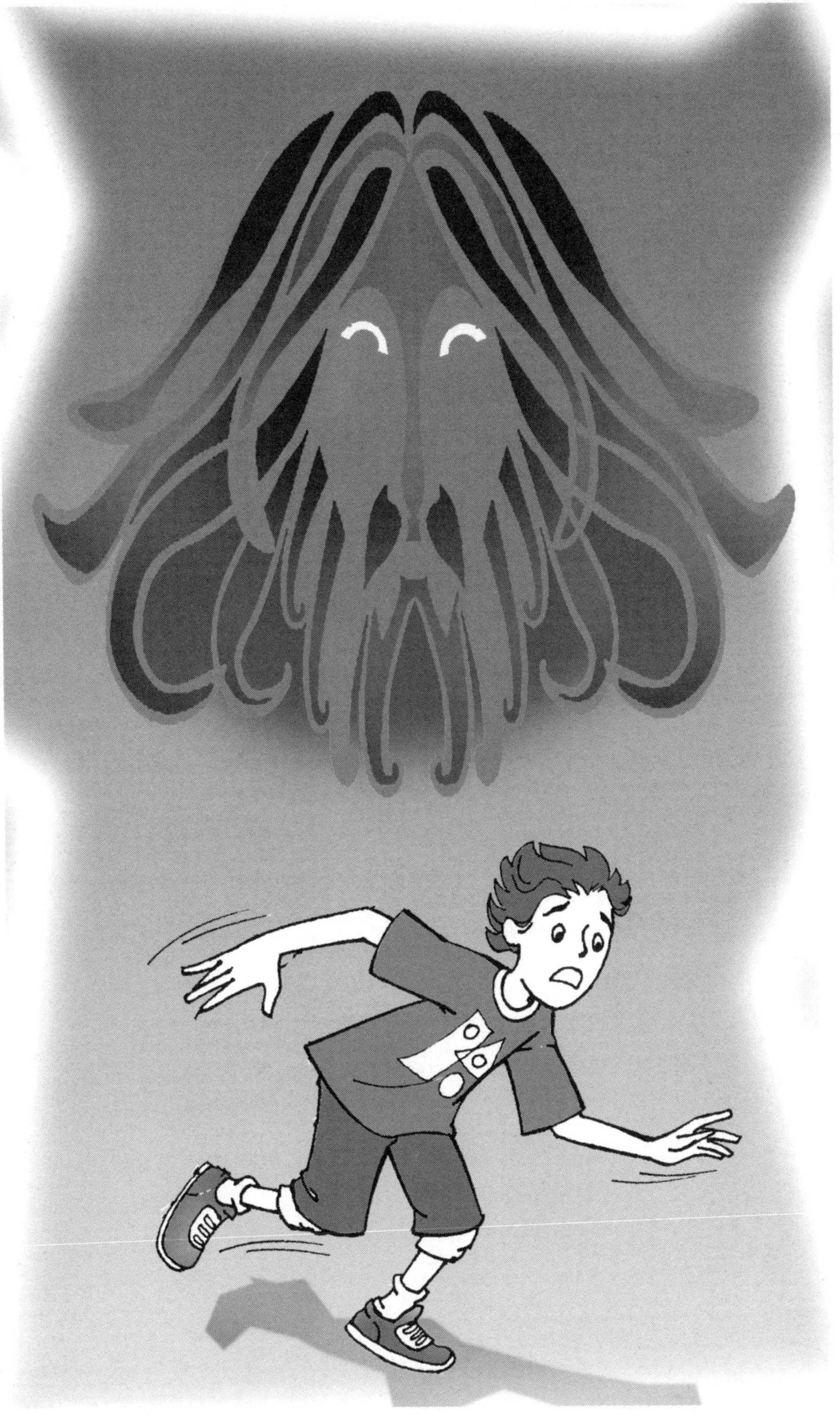

O Deus que castiga é um Deus zangado, que está sempre de mau humor por causa dos pecados da humanidade.

É um Deus que tudo ouve e vê, que tudo proíbe.

Ele não gosta de nós porque estamos sempre fazendo coisas erradas.

Este Deus **dá medo** na gente!

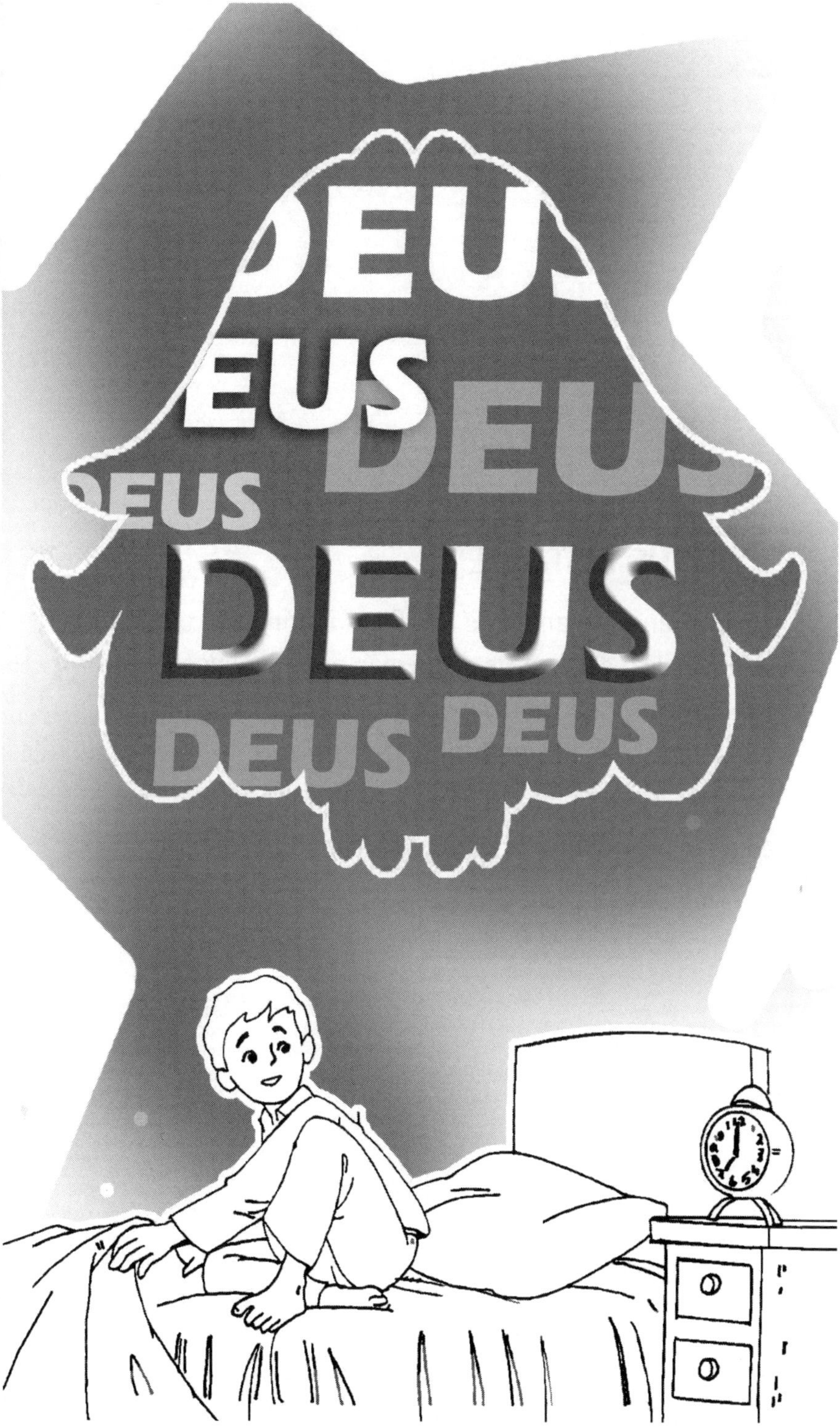
DEUS
DEUS
DEUS
DEUS
DEUS
DEUS
DEUS

Outra reflexão é um

"DEUS DISTANTE".

É quando falamos de um Deus inatingível, que não se pode alcançar. Um Deus que não pode ser encontrado, que nunca está disponível. Ele está sempre ocupado com outras coisas mais importantes.

É um Deus que fez o mundo, mas que não mora mais aqui, fica lá no alto dos céus, não caminha conosco.

Que Deus é esse?

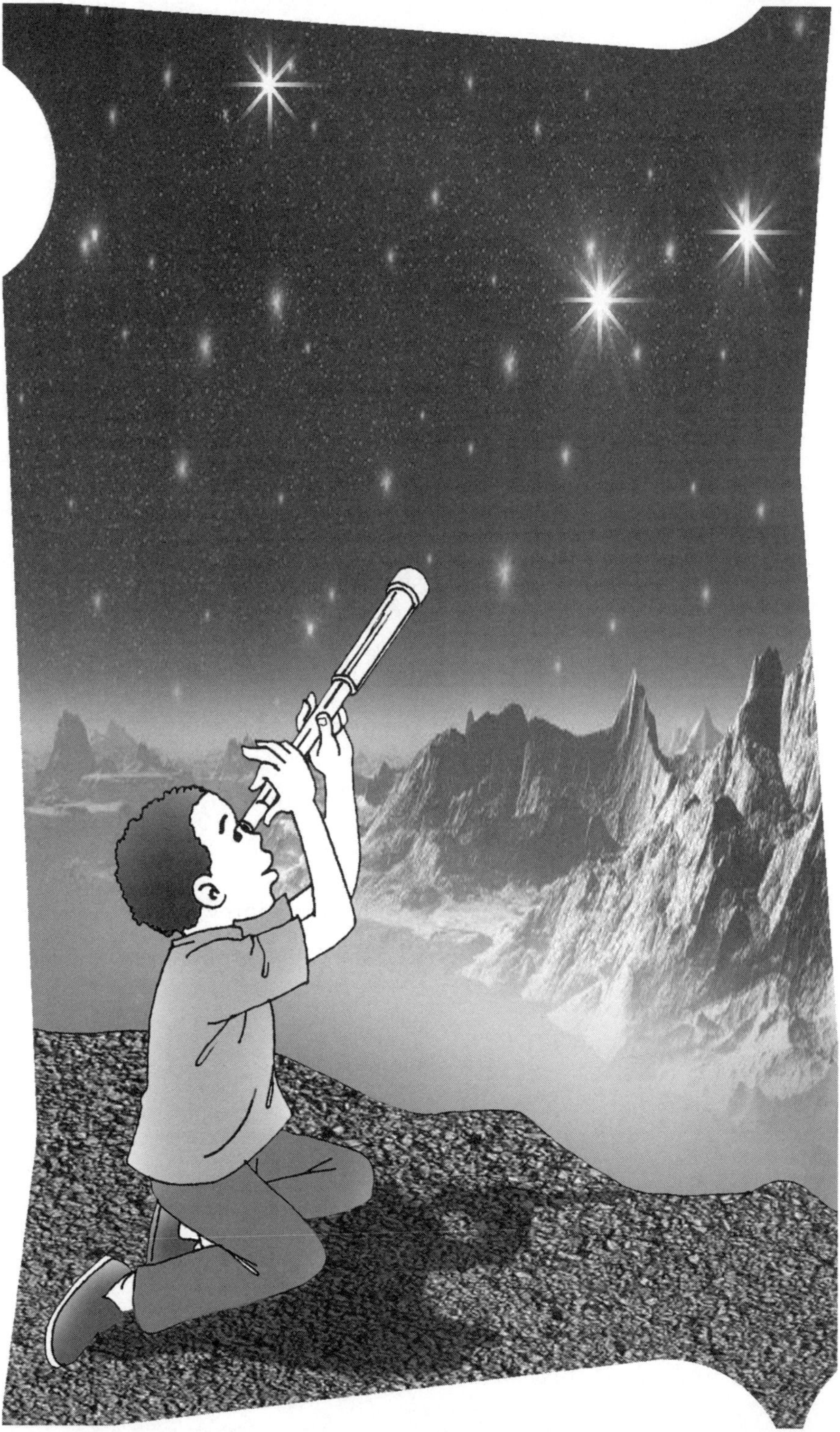

O catequista tem a missão de apresentar às crianças um **"DEUS NOSSO AMIGO"**.

Amigo é aquele que está sempre pertinho de nós. Deus, então, é o nosso grande amigo.

Ele nunca nos deixa sozinhos.

Deus não tem um GABINETE que precisamos marcar hora para falar com ele.

A criança poderá pensar que Deus mora só na Igreja e que ela se chama "a casa de Deus".

— Para falar com Deus precisamos ir à Igreja?

— Não apenas na Igreja. Deus está dentro do coração de todas as pessoas.

GABINETE DE DEUS

As crianças ao conversar com Deus, precisam fazê-lo com muita ternura, às vezes brincando, às vezes correndo, às vezes na hora de dormir.

Aproveitemos desses momentos para conversar com a criança:

— Você sabe onde está Deus?

— Ele está dentro do nosso coração e gosta muito de conversar com a gente.

— Vamos conversar com ele? O que você gostaria, hoje, de falar com ele?

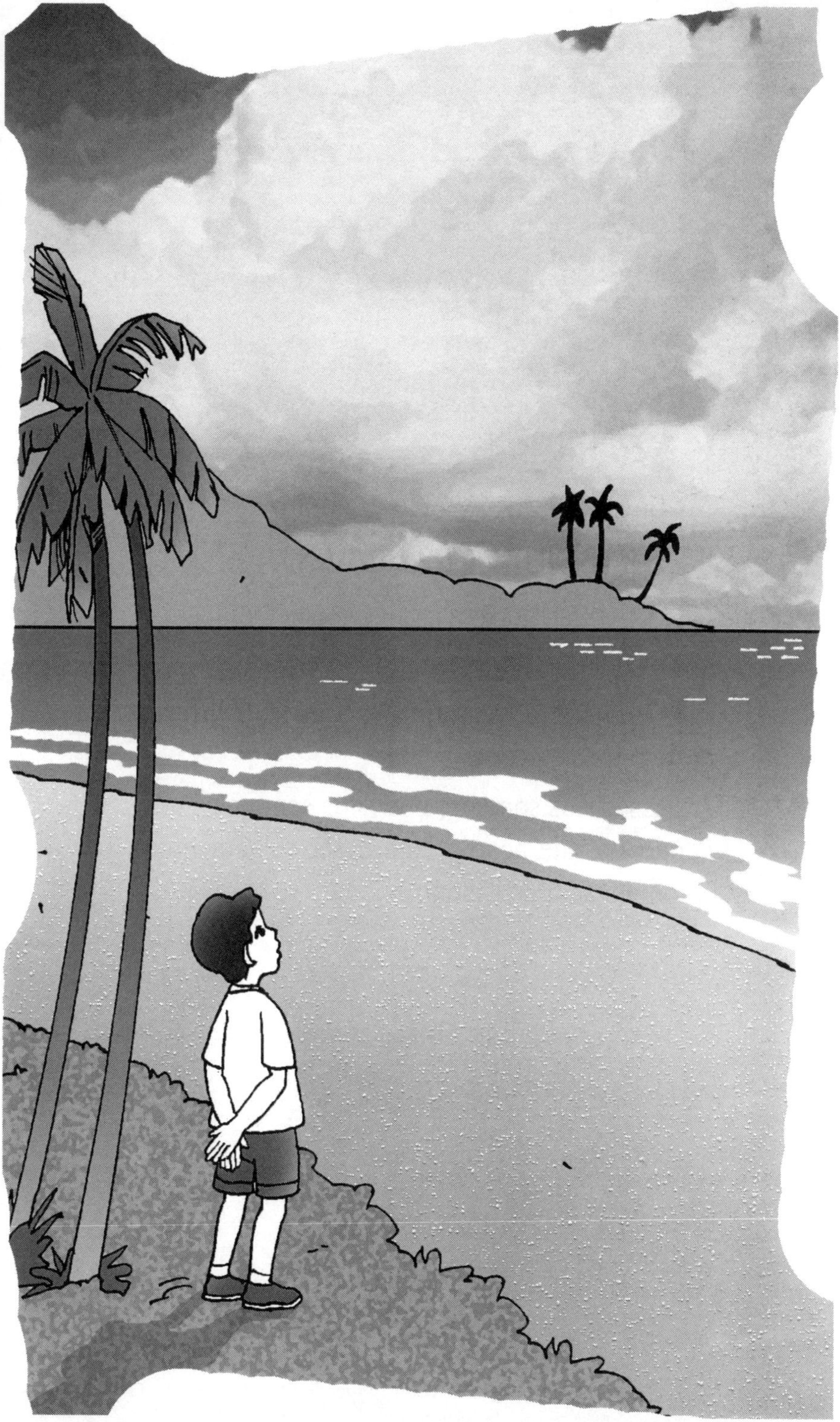

Ou apresentamos à criança um
"DEUS JUIZ IMPLACÁVEL"?

"Juiz implacável" é o Deus que determina para nós os dois caminhos: Céu ou Inferno.

Deus nos coloca entre o **Céu** e o **Inferno**, entre o bem e o mal.

Esse Deus somente nos julga sem nos ajudar, dando-nos, de acordo com o seu julgamento, a recompensa ou o castigo.

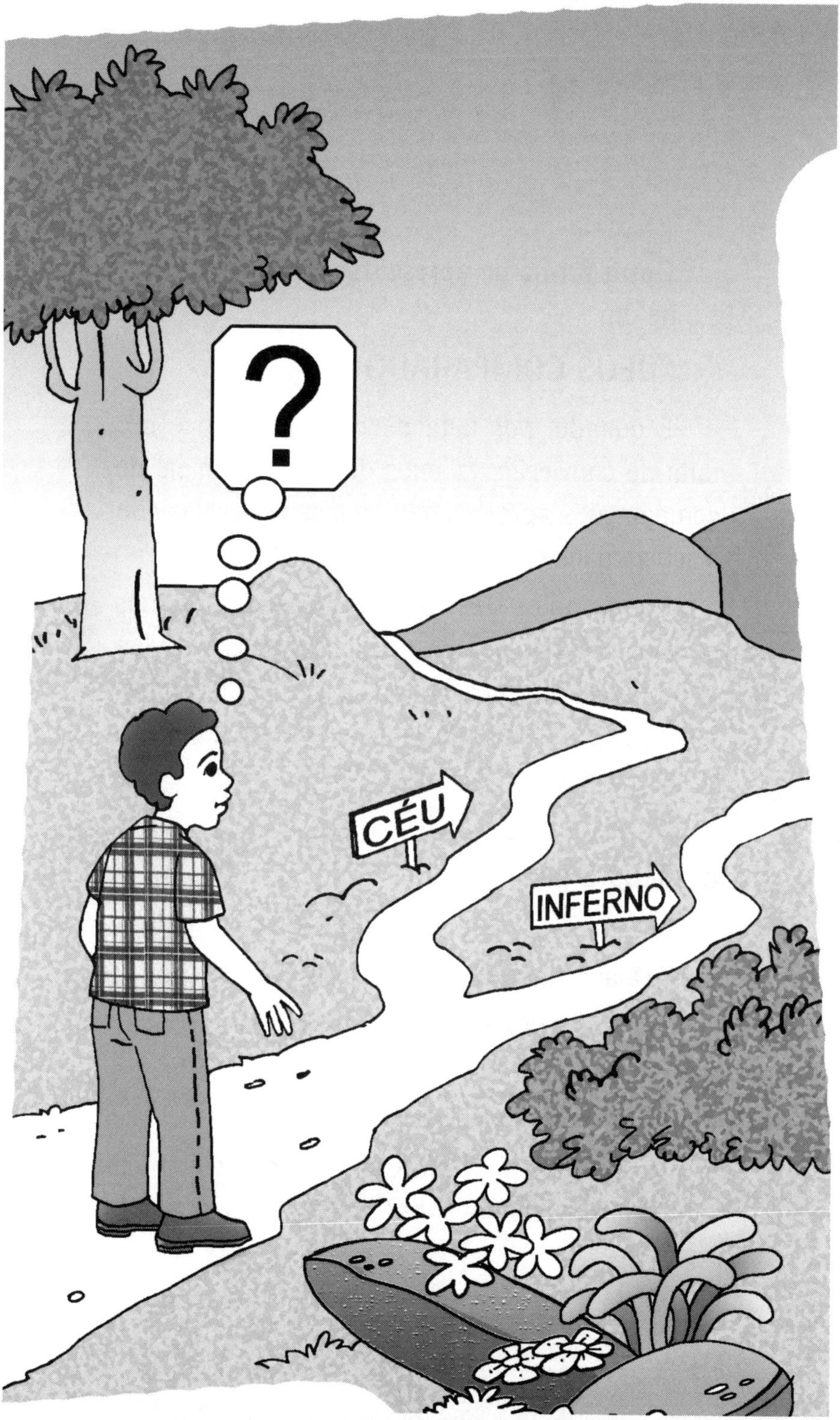
?
CÉU
INFERNO

Outra forma de apresentar Deus às crianças é a de um

"DEUS COMPARADO".

É quando, por falta de conhecimento e por falta de convicção, falamos de Deus por meio de comparações, aproveitando qualidades, explicando o seu verdadeiro sentido.

Comparamos Deus com palavras bonitas, mas que soam vazias porque não lhes damos a devida importância. Falamos de Deus por meio de comparações que podem parecer, às vezes, até contraditórias. Por exemplo:

a) Deus é pai

Qual a referência de **"pai"** que uma criança tem? Qual o significado da palavra **"pai"**?

Se Deus é tão perfeito, como comparar com as imperfeições dos pais?

Como explicar a perfeição de Deus?

Se Deus é Pai, como explicar a existência de tantos filhos abandonados? Ou "meninos de rua"?

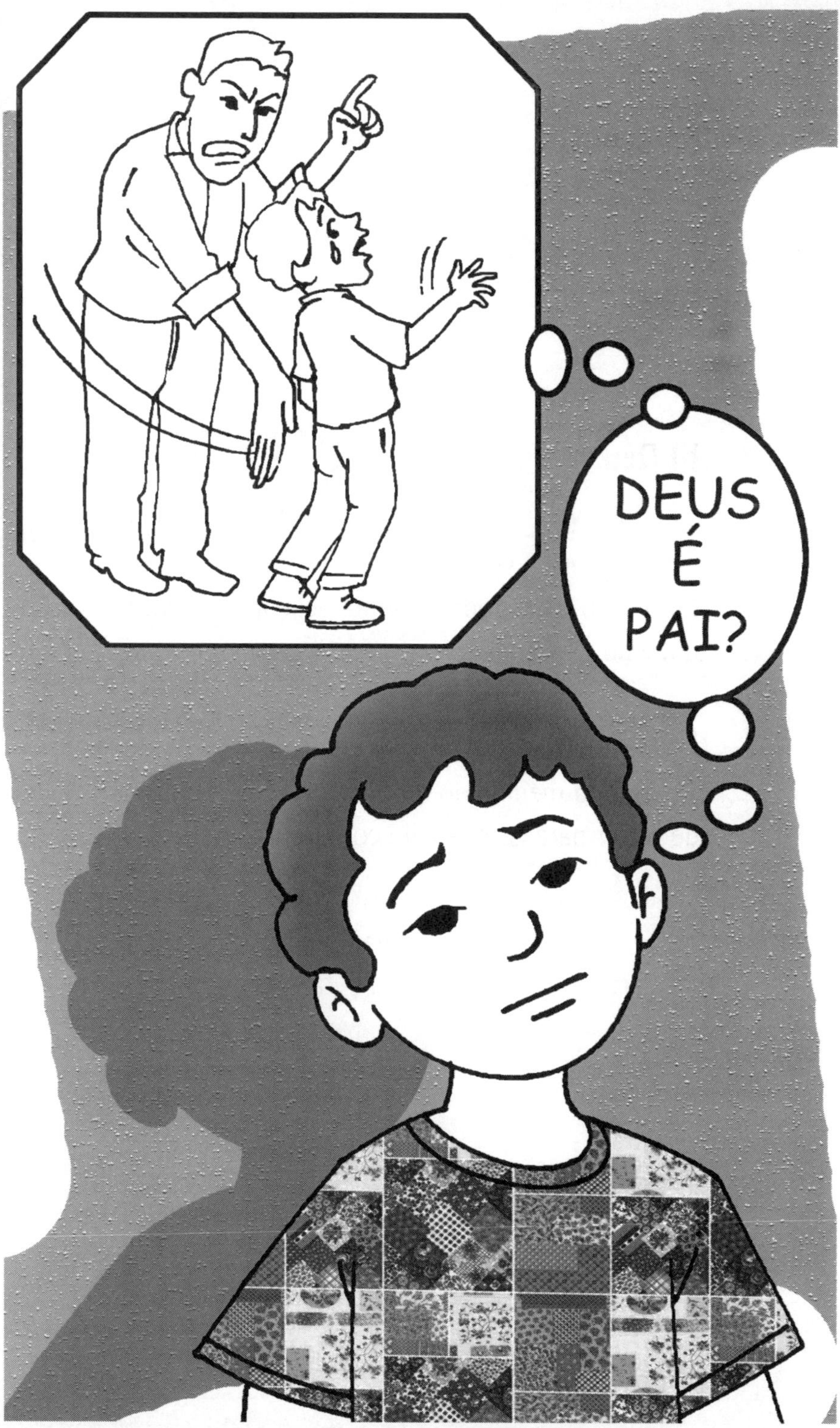
DEUS É PAI?

b) Deus é amor

Que valor e significado tem a palavra **"amor"** para a criança?

Como Deus pode ser amor se o amor parece que não existe mais no mundo?

E se o amor é tão abstrato, como explicar Deus concretamente a uma criança?

Qual a medida do amor que somos capazes de sentir para compará-lo com Deus?

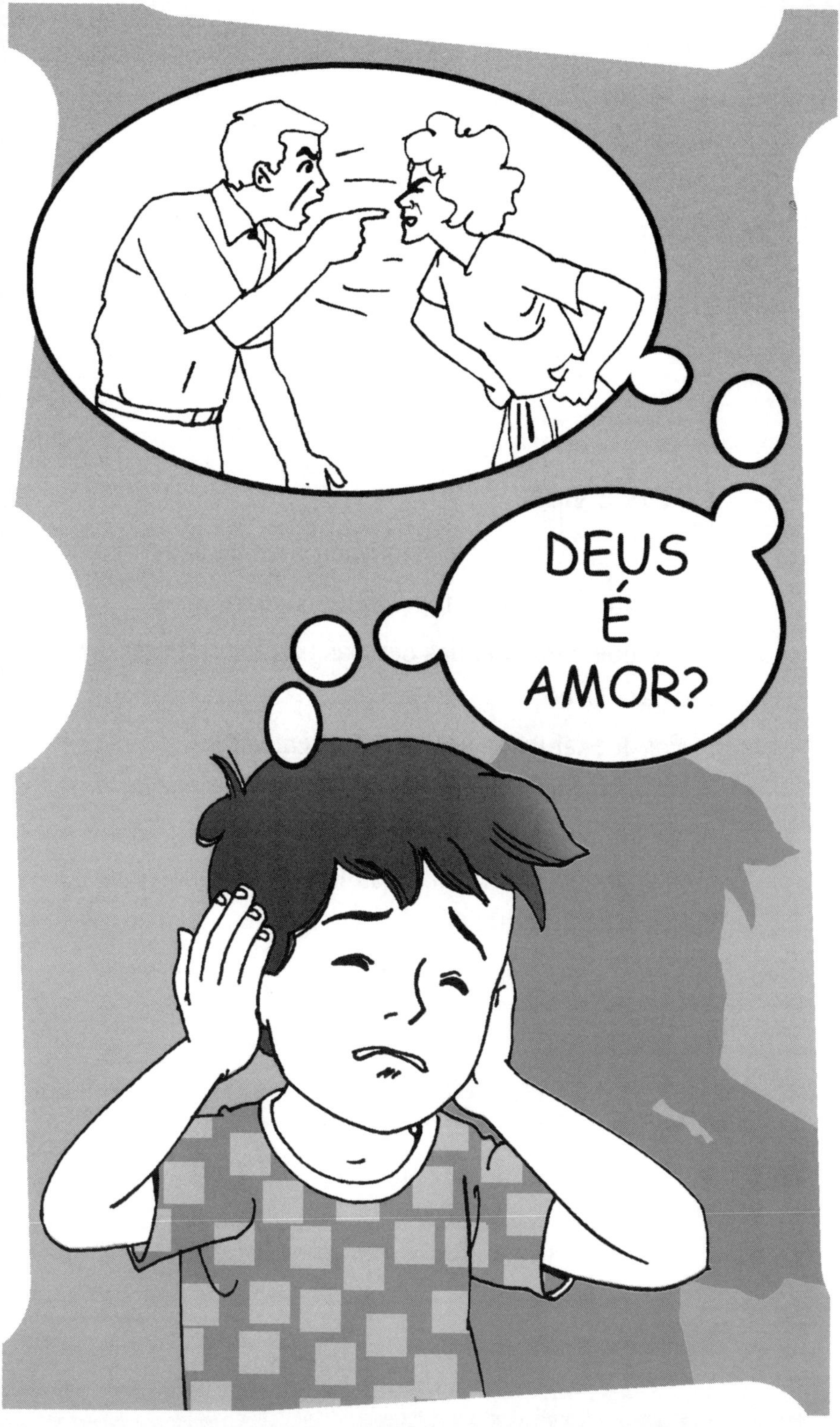
DEUS
É
AMOR?

c) Deus é vida

Por que a vida não é valorizada e respeitada?

Por que nem todos têm direito à vida?

Por que a maioria das pessoas não têm o necessário para viver?

Por que tantas e tantas mortes em vão?

Como explicar à criança o Deus vivo, o Deus que ama a vida, aquele que nos deu a vida? O Deus que, por amor, mandou seu Filho Jesus Cristo para nos dar **"vida em abundância"**?

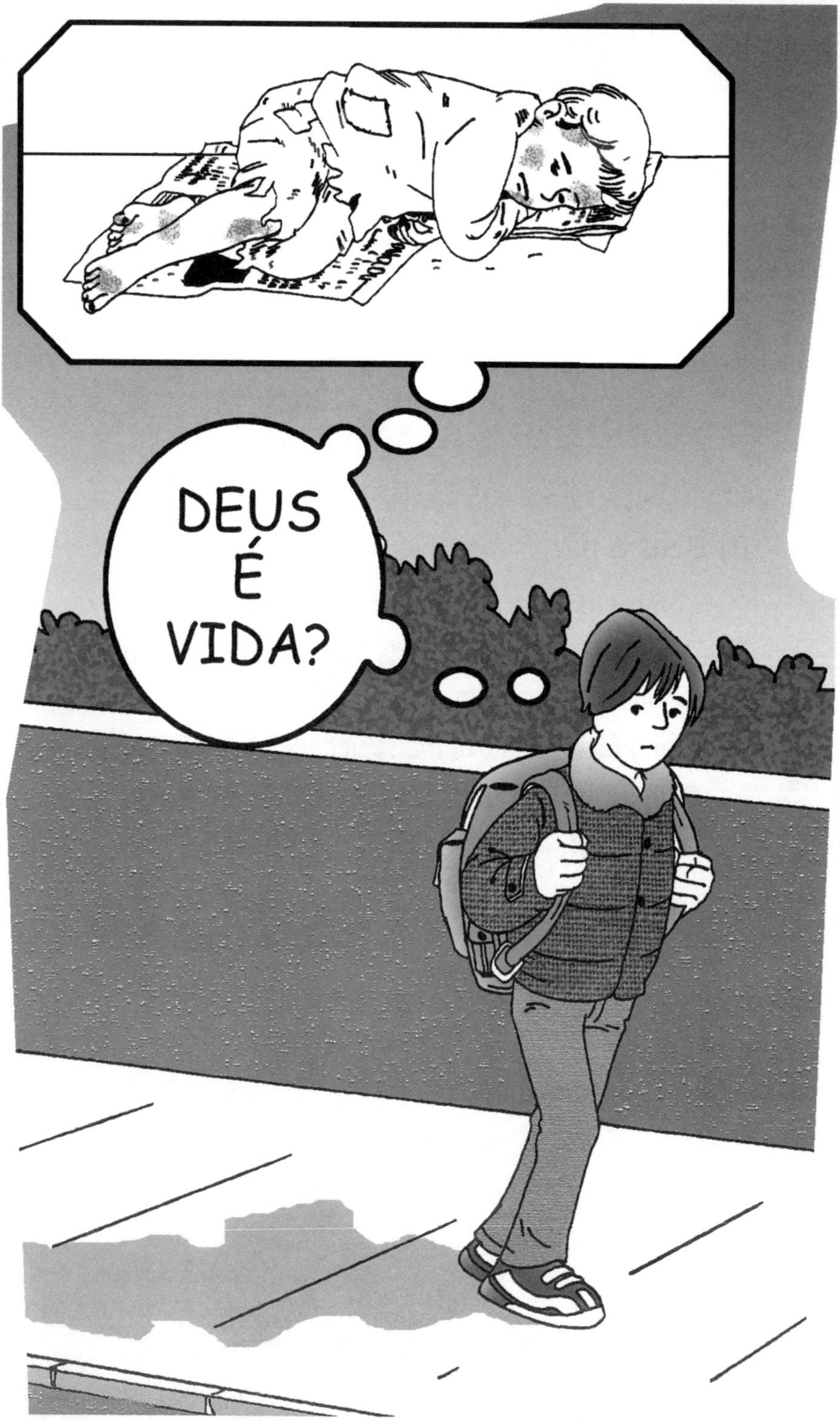
DEUS É VIDA?

d) Deus é paz

Como explicar a paz num mundo sem paz?

Como explicar a história da humanidade construída em sangue e guerra? Em corrupção e morte?

Como falar de paz numa sociedade tão violenta?

Como viver a palavra de Cristo:

"A paz esteja contigo".

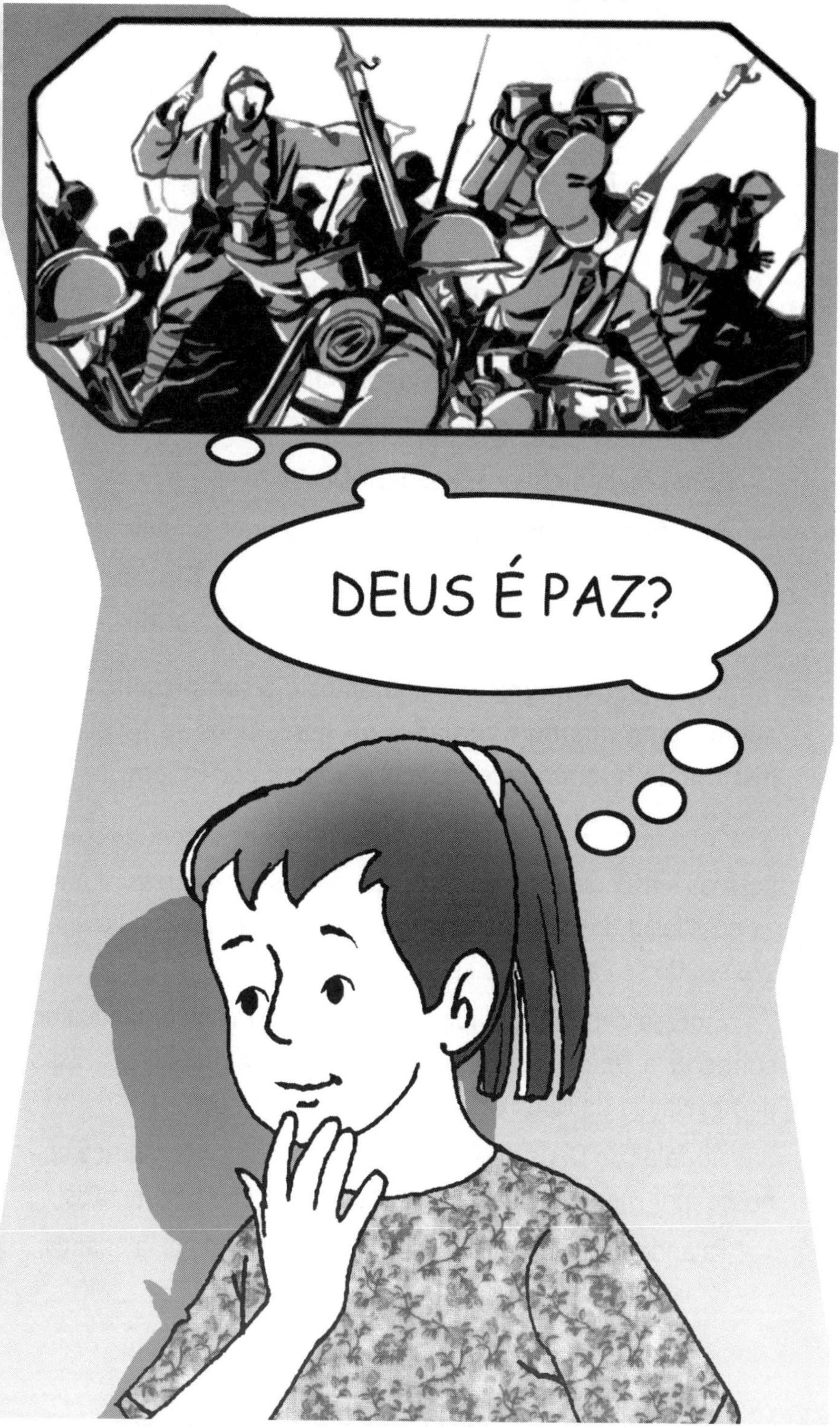
DEUS É PAZ?

O que falar de Deus?

Já falamos coisas importantes sobre a criança, sobre as dificuldades de comunicação entre a criança e o adulto e também sobre o que "não devemos" falar de Deus.

Mas, então, o que falar de Deus?

Como fazer a criança descobrir Deus?

Para falarmos de Deus devemos entender primeiro como Deus se comunica.

O Documento Catequese Renovada (CNBB) nos diz:

Deus quer comunicar o seu amor e a sua presença não apenas com algumas verdades ou leis... Deus se revela na história da humanidade, pouco a pouco, por etapas...

Deus fala, partindo da vida do povo, das experiências que as pessoas têm. E, partindo dessas experiências, Deus procura levar as pessoas a descobrir e a compreender alguma coisa nova do seu ser, do seu amor e da sua vontade...

É nessa caminhada que a criança terá mais condições de conhecer a Deus, participando de cada etapa desse processo da Revelação de Deus e da vida em comunidade.

Ao falar de Deus devemos falar como ele se comunica conosco: por meio de palavras, de gestos e de acontecimentos.

Falando dessa forma, Deus será compreendido pela criança.

TUDO É PRESENTE DE DEUS

Ele será entendido como um amigo que nunca falha, que não nos abandona, que está sempre pronto a nos acolher, a perdoar as nossas falhas; um Deus que caminha sempre conosco.

Quando falamos de Deus à criança devemos buscar gestos e narrar acontecimentos que animem a nossa caminhada, transmitindo o amor dele e testemunhando a sua presença.

Assim, Deus será realidade, coerência e verdade. Será um Deus que caminha na história do mundo e na história das pessoas.

Deus criou as pessoas para a vida e fez todas as coisas para a felicidade delas.

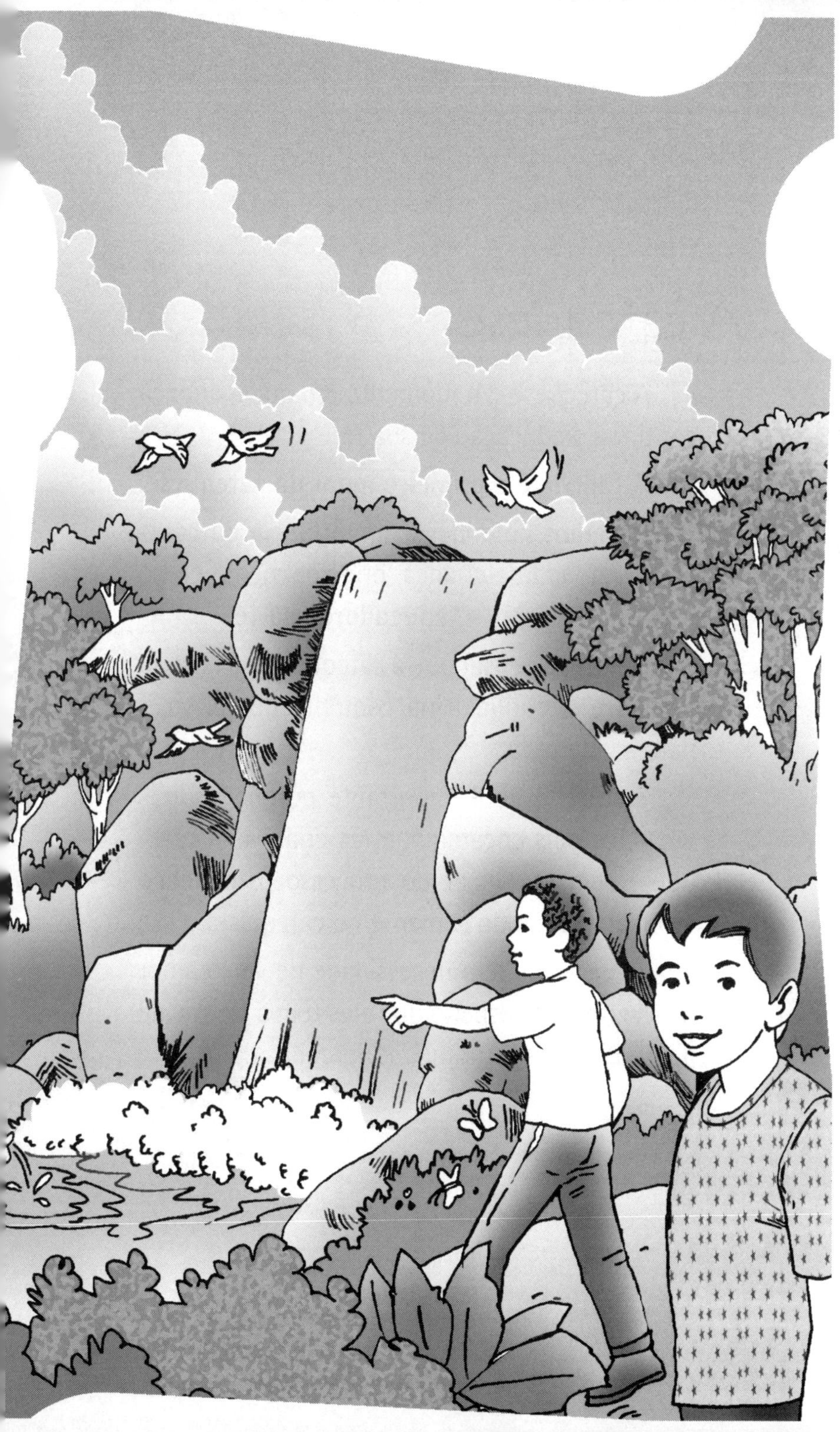

A catequese

A catequese é o momento em que a criança continua a educação de sua fé.

A família é o primeiro lugar da catequese.

Devemos entender a importância da catequese na vida da criança, principalmente como pais e catequistas – **"educadores da fé"**.

Devemos pensar que a catequese iniciada na família e continuada na comunidade vai valer para a vida toda.

Essa reflexão é importante porque, muitas vezes, os pais encaminham as crianças à catequese sem participar do processo catequético familiar, confiando somente no catequista.

As crianças têm necessidade de ver o amor de seus pais, o respeito que eles têm a Deus e de aprender deles as primeiras verdades da fé.

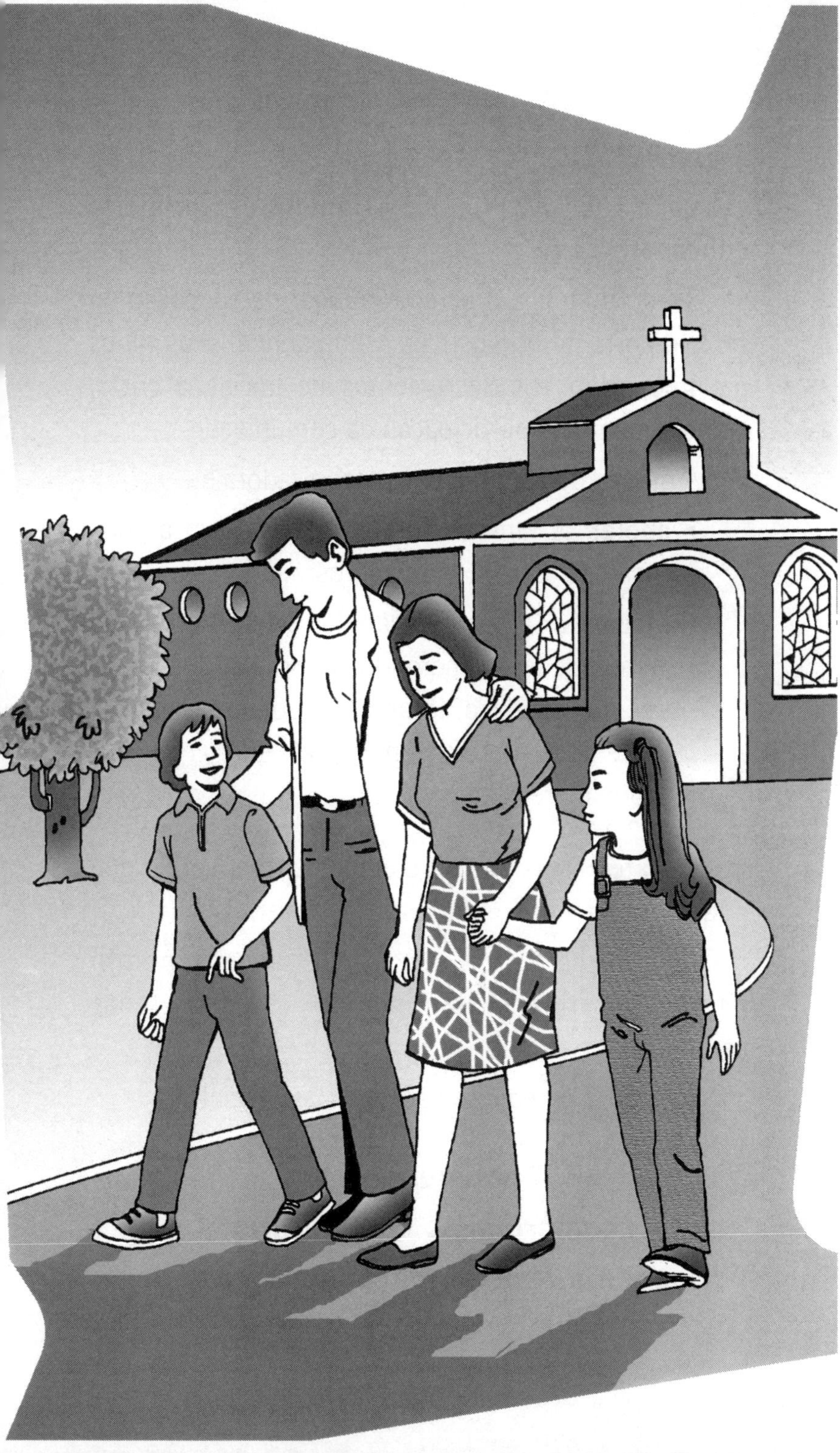

Daí a conclusão de que a **família é a primeira educadora da fé**.

Sendo a família o berço e o lugar da educação da fé, é importante que os pais acompanhem seus filhos na preparação aos Sacramentos de iniciação cristã, como também na participação da comunidade.

A missão da comunidade catequizadora é:

- **apoiar** as famílias comprometidas com a educação da fé de seus membros;
- **incentivar** a participação dos catequizandos na comunidade, colaborando na formação sistemática, programada, levando-os ao conhecimento da verdade sobre o Homem, sobre Jesus Cristo e sobre a Igreja.

Os catequistas apenas complementam aquilo que a família não tem condições de oferecer.

Assim, a catequese deixa de ser apenas infantil e torna-se permanente, atingindo pessoas de todas as idades.

Por isso, a catequese não é um "ato social".

**A catequese é um
compromisso comunitário,
levando à transformação da sociedade.**

PAIS E CATEQUISTAS

"EDUCADORES DA FÉ"

A criança, ao entrar na escola, continua precisando da ajuda da família. A responsabilidade não é somente da professora. A criança precisa do incentivo dos pais, precisa sentir-se importante.

Ela tem necessidade de mostrar o seu caderno, as suas lições, mostrar o que está aprendendo e gostando de aprender.

Se não damos atenção a tudo isso, vai parecer que o que a criança faz na escola não tem a menor importância. É abandonar a criança aos cuidados da professora.

Assim, na catequese, ocorre o mesmo.

Os pais levam os filhos à catequese, dizendo-lhes que é bom e importante, mas não sabem e nem querem saber o que a criança vivencia nessa catequese.

Os pais não se sentem catequistas nem catequizados.

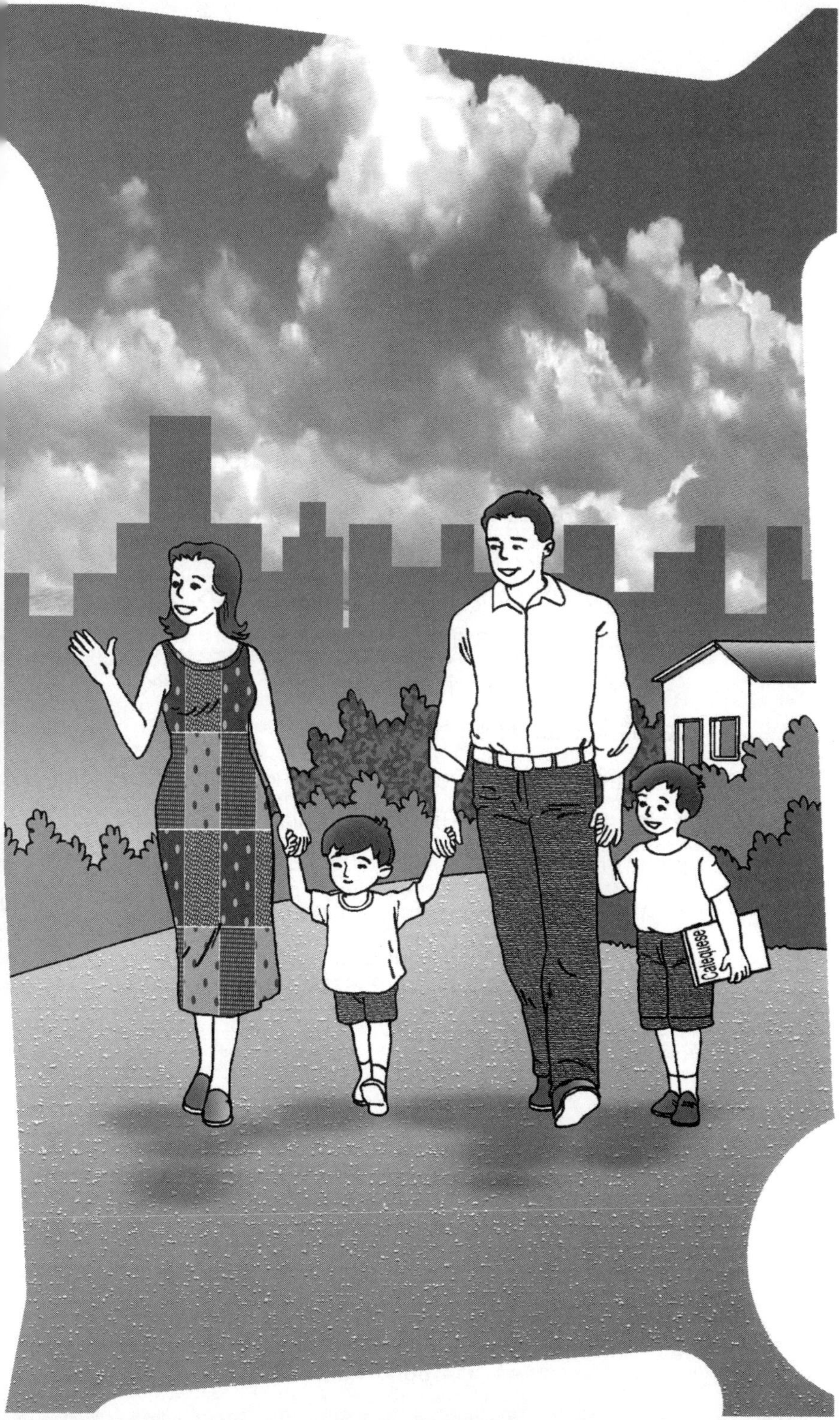
Catequese

Os pais precisam perceber se estão cuidando bem da vida religiosa da criança ou se estão só cumprindo "compromissos sociais": Batismo, Primeira Eucaristia, Crisma, Missa aos domingos.

Se as famílias agem dessa forma estão fazendo os filhos participarem da catequese do "pulinho", só para receber Sacramentos sem uma preparação para a fé e para a vida.

A criança dá o primeiro "pulinho" – Primeira Eucaristia e some da comunidade.

Quando jovem, volta para a preparação do Crisma – segundo "pulinho", e novamente some da comunidade.

Alguns jovens voltam para preparar-se para o casamento, terceiro "pulinho"... depois voltam para batizar os seus filhos... e assim por diante.

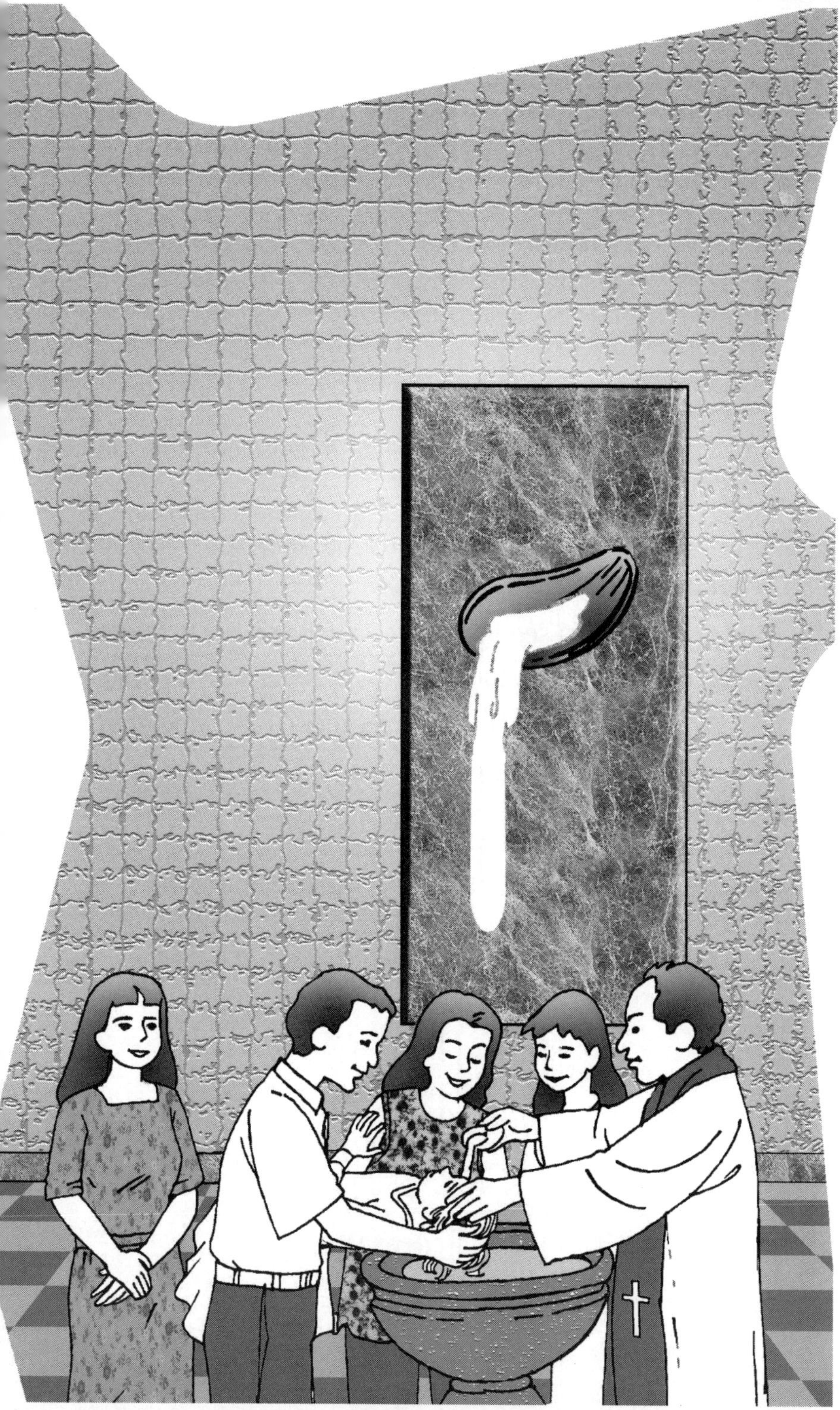

A catequese é válida quando damos continuidade à educação da fé.

Precisamos compreender o verdadeiro sentido da **educação permanente da fé**.

Como está sendo a nossa catequese: é catequese permanente ou de "pulinhos"?

É catequese apenas para receber os Sacramentos?

Batismo
Pré-catequese
Matrimônio
Perseverança
Comunidade
Eucaristia
Crisma
Encontro
Curso de noivo
Grupos
Para onde vais?

Se a catequese não for um processo permanente, ela pode tornar-se para a vida da criança alguma coisa do passado, que se esquece com facilidade. Fica como "coisas da infância", nada significando nem no presente nem no futuro.

A catequese como **processo dinâmico e permanente** deve nos levar à conversão, à fé em Cristo, à vida sacramental, ao compromisso apostólico e à vida em comunidade, a entender o Projeto de Deus na História.

Esses elementos crescem e caminham quando a comunidade caminha.

E a catequese deve estar sempre atenta à construção da comunidade e da sociedade, atualizando-se a cada etapa da vida e da história.

A CATEQUESE, A COMUNIDADE E A SOCIEDADE PARA O BEM DA VIDA

A catequese não consiste só em preparar temas e encontros. É tudo isso e muito mais. É feita de amor e diálogo como processo dentro da própria vida. E aquele que não é capaz de viver o que prega, jamais estará educando a fé dos catequizandos. Porque

CATEQUIZAR É TRANSMITIR VIDA.

A catequese deve ser realizada dentro da comunidade e em sintonia com a realidade, atenta aos problemas e às necessidades da comunidade, aos seus acontecimentos, atualizada e muito bem informada.

A catequese leva em consideração a presença e a participação de Deus na história humana; valoriza a união que torna a comunidade uma casa construída sobre a rocha. Crê, sobretudo, na missão redentora do Cristo e na presença santificadora do Espírito Santo.

A catequese deve ter, portanto, profunda visão da realidade, percebendo nos acontecimentos a necessidade da presença de Deus.

A catequese une a Bíblia com o **dia a dia**, o Evangelho com a **vida** e com a **fé** leva a comunidade a assumir seu **compromisso** com Deus e com o **próximo**.

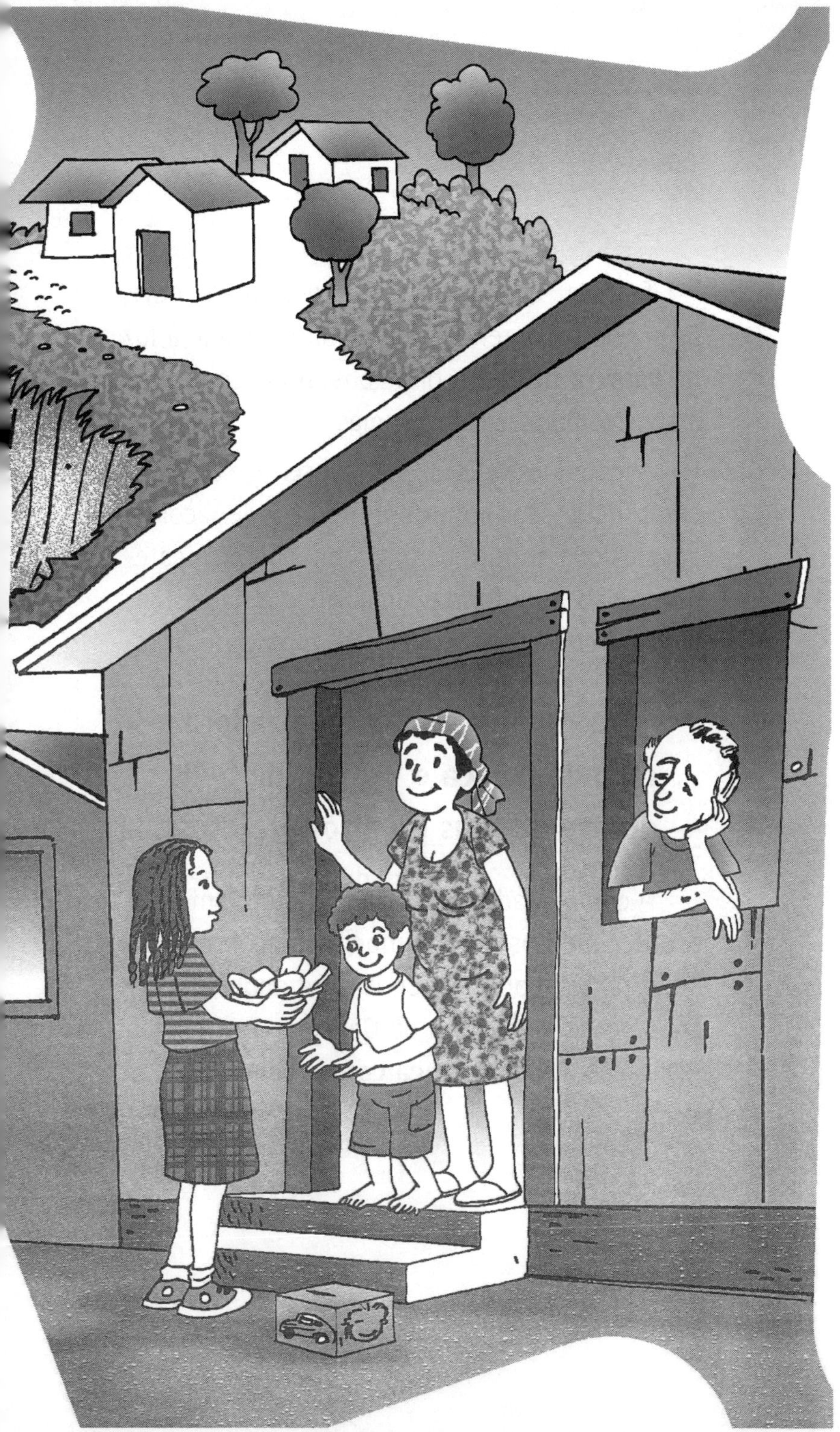

E essa comunidade catequizadora deve, acima de tudo, refletir sobre sua realidade à luz da **Palavra de Deus**, onde buscará encontrar as respostas para seus problemas.

A catequese deve estar presente na Igreja, cumprindo seu importante papel de acolher aqueles que entram para a comunidade. A catequese não deve formar uma Igreja à parte, mas ajudar a construir toda a Igreja, o povo de Deus.

A comunidade é catequizadora quando coloca o Projeto de Deus dentro de seus próprios projetos.

A comunidade catequizadora atua tanto nos acontecimentos mais simples como nos mais importantes, com pequenos ou grandes gestos. Ela percebe a presença de Deus e a urgência da realização de sua **Aliança com o povo**.

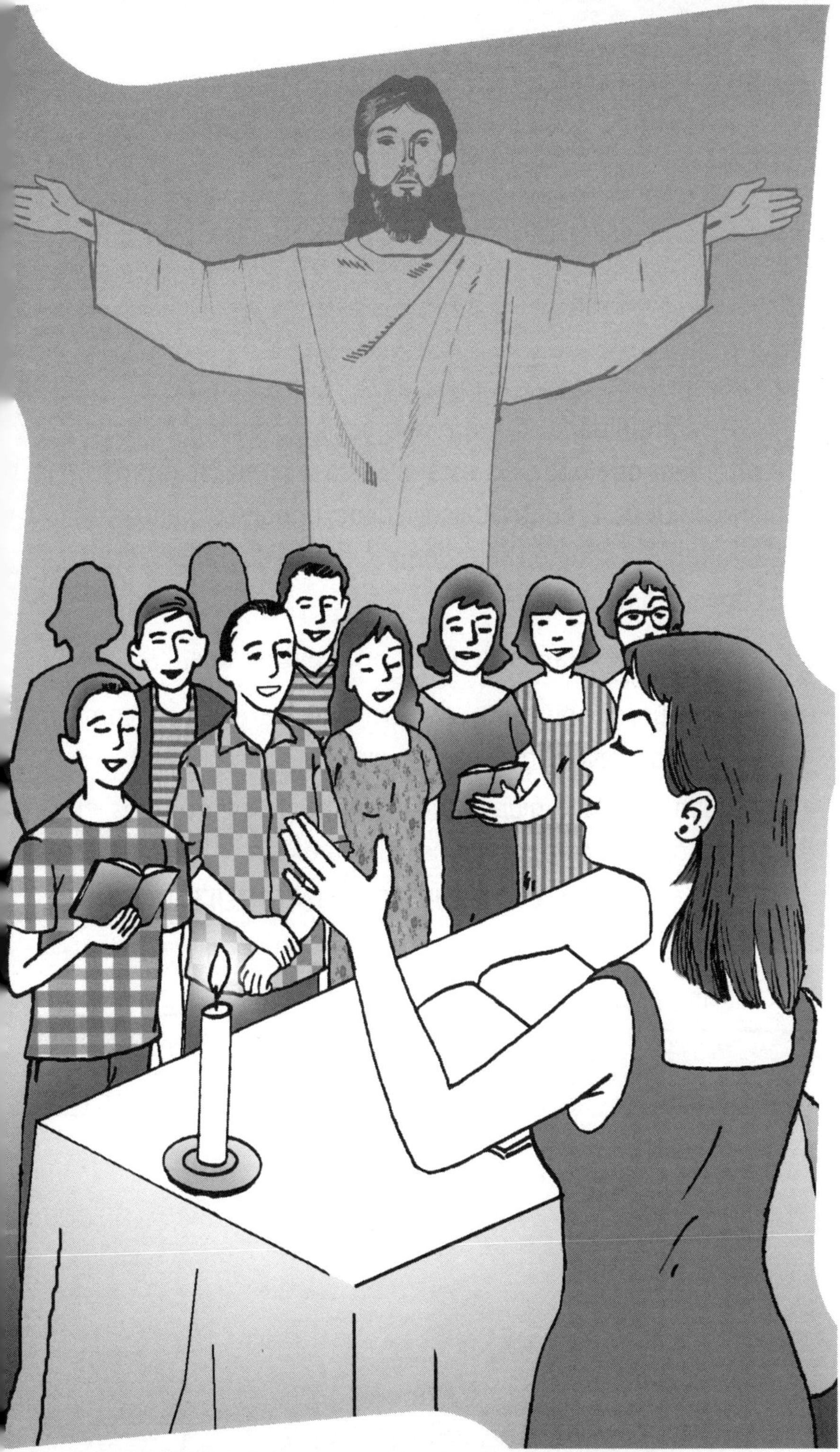

A comunidade catequizadora, já consciente, saberá muito bem que onde ela está, ali está a Igreja, realizando o plano de Deus. E, dentro da sociedade, impõe-se como evangelizadora, assumindo seus compromissos de transformação e conversão do mundo.

Isso é a revelação de Deus no meio de nós.

Catequese é, portanto, compromisso permanente com a comunidade, revelando Deus na caminhada.

Quando a comunidade procura **viver à luz de Deus**, ela assume os seus compromissos de vida e vida em plenitude.

Torna-se assim: **CATEQUIZADA** e **CATEQUIZADORA**.

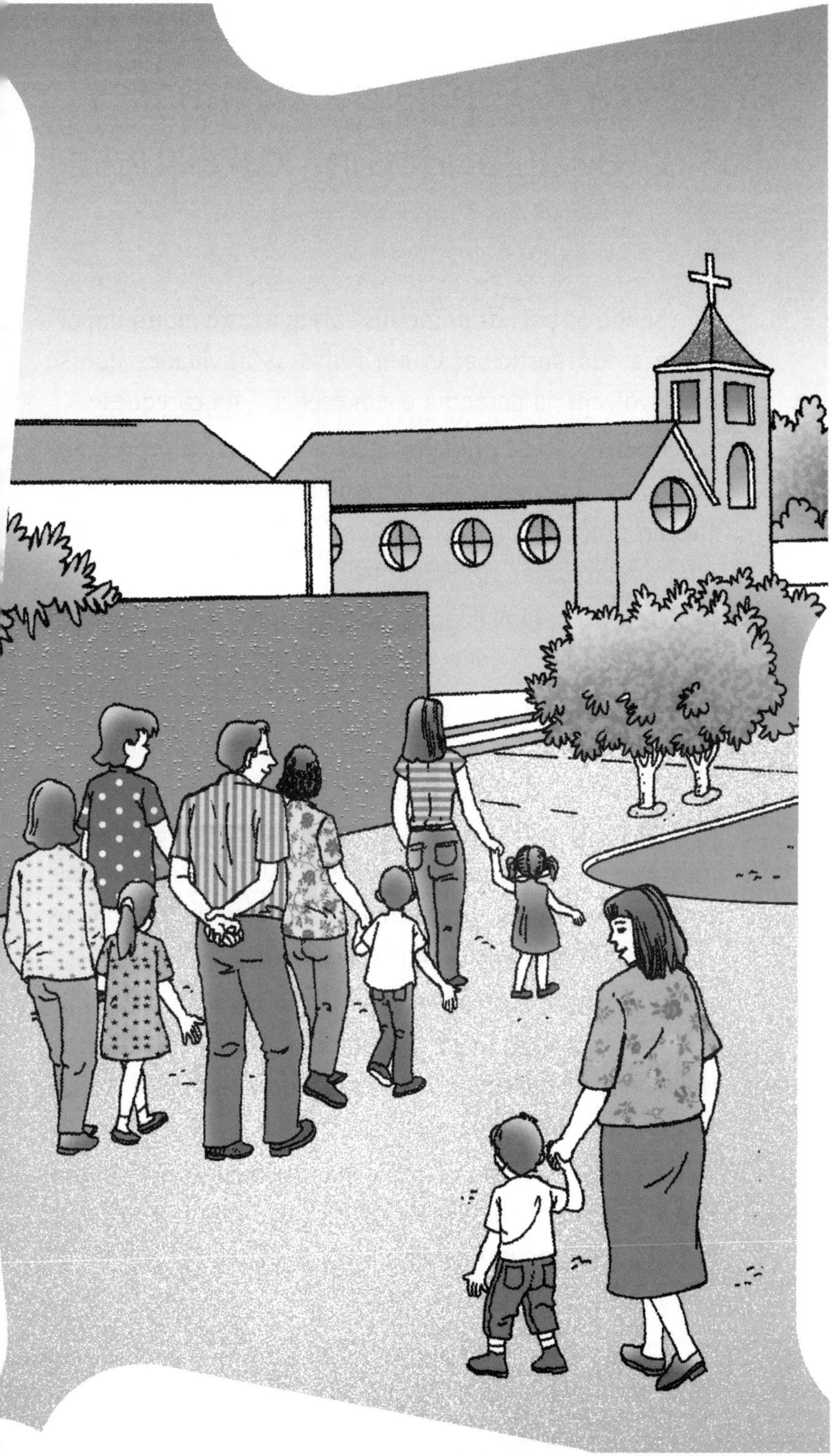

Presença dos pais ou familiares dos catequizandos na catequese

Sendo os pais os primeiros catequistas é muito importante a sua participação em todas as atividades que se desenvolvem na paróquia e, em especial, na catequese.

Os pais são os primeiros educadores na fé. A presença dos pais e o testemunho da família cristã são fundamentais no processo da iniciação na fé. Realizam essa missão em primeiro lugar por serem pais.

Os documentos da Igreja sobre a catequese recomenda a realização de reuniões frequentes de pais, ao longo do processo catequético.

Alguns grupos têm encontrado certas dificuldades para participar das reuniões. Isso ocorre de modo especial pela falta de articulação e de cooperação entre os catequistas e os pais ou familiares. Nesses encontros, os pais acabam por tomar consciência das dificuldades com as crianças que, por vezes, também sentimos.

A família é a primeira experiência comunitária vivida pelo ser humano, desde o momento de seu nascimento. Nela, pode-se nascer para a fé. Ela é importante no crescimento da fé dos filhos, ao longo do ciclo evolutivo.

A família precede e acompanha a catequese dos filhos que vivem uma experiência de participação eclesial, pela iniciação sacramental; acompanha-os na adolescência, interiorizando os valores e as atitudes cristãs; facilita o caminho das opções cristãs na juventude e reafirma nos adultos suas convicções, enquanto apoiam e compartilham sua fé e seu testemunho com os membros jovens da família. No âmbito familiar, a fé é um dom em que todos dão e recebem cada um a seu modo, conforme sua idade, seu amadurecimento e sua experiência de fé.

Hoje, encontramos em muitas famílias, a vivência do Evangelho e de profundos valores humanos. Isso, de modo natural se dá na iniciação na vida cristã pelo despertar ao senso de Deus, pelos primeiros passos na oração e na formação da consciência moral, enquanto se vive naturalmente o sentido cristão do amor humano. É uma educação cristã testemunhada, mais do que uma instrução; é ocasional, mais do que sistemática; permanente e cotidiana, mais do que estruturada em vários períodos (cf. DNC 238).

O Documento de Puebla afirma claramente que: "Em sua família, Igreja doméstica, o batizado é chamado à primeira experiência de comunhão na fé, no amor e no serviço aos outros" (639).

A vocação da família cristã a ser Igreja doméstica faz com que nela se reflitam as funções da vida da Igreja: primeiro anúncio, catequese, testemunho e oração. O Evangelho é transmitido e irradiado em família (EN 7; DGC 255).

O Catecismo da Igreja Católica nos ensina que esse lugar constitui um meio natural para a iniciação do ser humano na solidariedade e nas responsabilidades comunitárias.

Sugestões para reuniões com pais e familiares dos catequizandos

Na catequese, uma reunião de pais e familiares é um encontro que leva à:

- ▶ construção de um ambiente evangelizador;
- ▶ sensibilização dos pais e dos familiares sobre a sua participação na catequese.

Nesses encontros, procuramos reforçar o que o Concílio Vaticano II afirmou: "A família é a primeira escola de virtudes sociais, de que todas as sociedades precisam. Este dever da educação familiar é de tal importância que, quando falta, dificilmente pode ser substituído" (GS 3; cf. DGC 179).

Precisamos sublinhar sempre que os pais são "os primeiros e principais educadores" (GS 3), pois "a família constitui para a criança a primeira comunidade na qual vai desenvolver a sua fé" (Pio XII).

Como organizar uma reunião?

A reunião com pais e familiares dos catequizandos procura transformar "pais clientes" em "pais colaboradores". Ela deve ser bem motivada, para incentivar a participação, alcançando uma proposta firme e positiva. Assim, listamos algumas providências que precisam ser elaboradas:

1. Convocar os pais ou familiares

Essa convocação se dará por meio de um convite, que será enviado antecipadamente, propondo um assunto para discussão. Com linguagem clara e simples, suscitando curiosidade e interesse pelo tema a ser apresentado. Explicitar bem quanto ao horário e local onde a reunião vai se realizar.

2. Acolhimento

Como na catequese, também o acolhimento aos pais e familiares é muito importante. O ambiente deverá ser bem cuidado: sala limpa, iluminada, com cadeiras para todos, dispostas de maneira adequada à pauta que se vai desenvolver; com arranjos florais, música de fundo etc. Os catequistas sempre disponíveis para um bom acolhimento humano, irão receber os pais e familiares cumprimentando-os e, cordialmente, dando as boas-vindas.

3. Pauta de trabalhos

De forma objetiva indica quais os momentos em que a reunião vai se desenrolar. Por exemplo: oração inicial, tema principal e subtemas, oração final.

4. Apresentação do tema

Na apresentação do tema, sugerimos que se siga o itinerário catequético, isto é, partir da vida dos pais, iluminando-a com a Palavra no desenvolvimento do tema e, por fim, levar à conversão, a um agir novo. O animador (pároco, catequista ou convidado) recorre à fé na integração da vida, com novos métodos e dinâmicas de grupo e audiovisuais.

5. Fazer uma pequena avaliação

Simples e agradável: "O que foi bom? O que poderia ser melhor? Qual o momento negativo da reunião? Quais os momentos positivos? Como deverá ser organizada a próxima reunião? Para quando? Por quê?".

6. Planejar a próxima reunião

Fazer "cochichos" para que sejam dadas sugestões dos temas de maior necessidade, lembrando a importância de trabalhar em grupo.

7. Oração e cântico final

Fazer uma pequena oração espontânea. Os cantos serão escolhidos de acordo com o tema, com letra e música fáceis (ensaiados antecipadamente).

8. Criar espaço para um breve convívio após o término da reunião

Se puder, termine a reunião convidando todos para um chá e/ou lanche; isto ajuda a "quebrar o gelo" e predispor para outras iniciativas.

MUITO IMPORTANTE

Não nos deixemos desanimar pela reduzida participação e/ou pela falta de interesse dos participantes da reunião. A nossa convicção da necessidade de formação dos catequistas, catequizandos e familiares nos ajudará a sermos perseverantes no tesouro que queremos transmitir. Procuremos crescer na qualidade metodológica e na comunicação, sendo fiéis à mensagem que desejamos anunciar e testemunhar sempre.

Terminando essas reflexões vejamos se atingimos o **OBJETIVO DA CATEQUESE**, que é

**construir comunidades catequizadoras,
numa educação permanente da fé,
comprometidas com a verdade e com a justiça,
para serem fermento de uma sociedade fraterna,
sinal do Reino de Deus entre nós.**

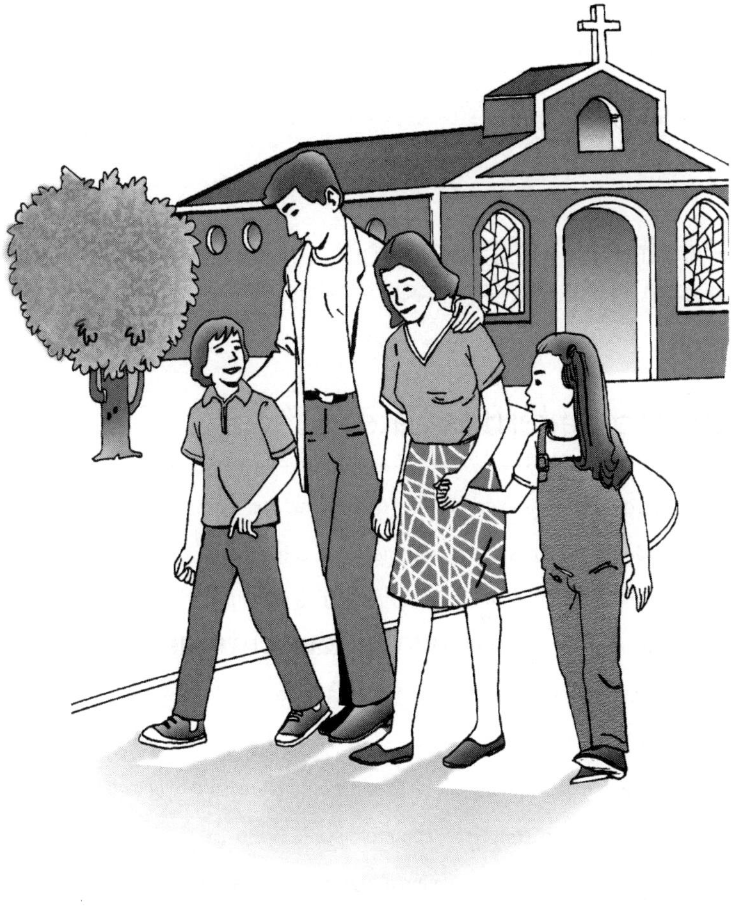

Coleção Cadernos Catequéticos

1. Educação da fé: Missão da família e da comunidade.
2. Educação da fé: Gênesis 1-11 – Formação de catequistas e catequese de adultos.
3. Catecriando (I) – 30 dinâmicas de grupo para a catequese.
4. Formação contínua dos catequistas – Importância, prioridade, compromisso.
5. Nova etapa – A educação da fé na faixa etária dos 11 aos 18 anos.
6. Pedagogia de Jesus Cristo.
7. O fenômeno religioso – Ser católico no meio do pluralismo religioso.
8. Batismo – Anúncio, conversão, compromisso.
9. Metodologia – Fé e vida caminham juntas em comunidade.
10. Espiritualidade do catequista – Caminho, formação, vida na missão catequética.
11. ComuniCAT – Propostas para uma catequese acolhedora e comunicativa.
12. Adultos na fé – Pistas para a catequese com adultos.